8º L 12 k
1548

NOS ORIGINES

Ancienne église Notre-Dame.

NOS
ORIGINES

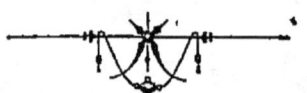

TOURS

IMPRIMERIE A. MAME ET FILS

—

1904

PRÉFACE

Qui, parmi la génération actuelle, connaît ces origines? Qui s'en glorifie? Qui s'efforce de leur faire honneur par sa conduite?... Il importe donc de les rappeler.

Par qui le Canada a-t-il été fondé? A-t-il été fondé, comme tant d'autres pays, par des aventuriers, venus d'un peu partout, ne se proposant que de faire oublier un fâcheux passé, ou de vivre plus facilement au gré de leurs passions? Non; non, il a été fondé par des familles d'élite, par des familles choisies, qui n'ont consenti à quitter leur patrie et à aller habiter un pays nouveau, que dans le but de mieux faire leur salut et de contribuer à celui des autres.

Mais ces familles, n'ayant pour tout apanage que la pureté de leurs intentions et la sainteté de leur vie, pouvaient-elles espérer convenablement qu'elles sauraient se maintenir dans un *pays rempli de barbares, et qu'elles donneraient naissance à une nouvelle nation? Elles l'espéraient, parce qu'elles avaient l'appui de puissants protecteurs, et que ceux-ci étaient suscités de Dieu. De fait, ces protecteurs ne leur ont jamais manqué. Les prêtres qui les avaient décidées à s'expatrier, les ont suivies dans ce pays lointain, ont vécu au milieu d'elles et ont partagé leurs travaux, leur abandonnant volontiers leur riche patrimoine et leur sacrifiant leur santé, sans jamais rien en exiger.*

Et que se proposaient donc ces héroïques bienfaiteurs? Voulaient-ils se frayer un chemin aux honneurs? Non, car ils avaient renoncé à des positions brillantes dans leur patrie. Voulaient-ils au moins laisser quelque héritage inespéré à leur famille? Non, car ils se dépouillaient de tout et s'estimaient heureux de vivre et de mourir pauvres. Quelle était donc leur ambition? Quel était l'objet de leurs plus ardents et de leurs plus constants désirs? C'était de faire connaître la vraie foi à ceux qui ne la connaissaient pas. C'était d'étendre le royaume de Jésus-Christ à tout le continent américain, et, pour cela, d'élever sur les rives du Saint-Laurent une ville et un temple en l'honneur de la très sainte Vierge et d'y jeter les fondements d'un peuple qui, par l'intégrité de sa foi, la pureté de ses mœurs, son zèle et sa charité, remplirait dans cette partie du monde la mission qu'a remplie en Europe l'ancienne France : Gesta Dei per Francos.

Leurs espérances ont-elles été déçues ? Regardez et voyez. Que voyez-vous ? Partout, à la place d'épaisses forêts, de superbes villes, de grandes et belles paroisses ; des sièges épiscopaux, de Québec au golfe du Mexique ; de florissantes communautés répandant au loin leurs bienfaits ; des couvents qui n'ont rien à envier à ceux de la vieille Europe ; des collèges qui regorgent d'une jeunesse aussi intelligente que patriotique ; des œuvres de zèle de tout genre ; de magnifiques églises, toujours remplies de pieux fidèles ; des séminaires qui servent à tous les jeunes lévites du continent, etc. Quand l'étranger visite le Canada, il ne peut s'empêcher d'admirer les grands fleuves, les hautes montagnes, les beaux sites, la salubrité du climat, les moyens de transport... Mais ce qui le frappe le plus, c'est cet air de bonheur qu'il remarque sur tous les fronts, dans les villes comme dans les campagnes ; c'est cette urbanité des familles, unie à une grande piété.

Il avoue qu'il n'a pas encore trouvé un peuple de même.

Les fondateurs n'ont donc perdu ni leur temps, ni leurs sacrifices. Leurs espérances se sont réalisées au delà de leurs prévisions. Souvenons-nous de leurs bienfaits, et chérissons leur mémoire.

INTRODUCTION

« M. Olier, qui conçut le premier le dessein de cet établissement, disait le Père Le Clercq, Récollet, ne crut pas que ce fût assez pour son zèle de travailler à la sanctification de l'ancienne France, par la réformation du clergé et l'établissement du séminaire de Saint-Sulpice, qui a été depuis le chef de tant d'autres, s'il n'en étendait encore les effets jusque dans la nouvelle France ; et je m'imagine voir dans la personne de M. Olier un autre saint Paul, qui prend en main la carte du nouveau monde, pour en faire la conquête et le soumettre à l'empire de Jésus-Christ. » Ce serait se tromper beaucoup que de penser qu'en concevant le dessein de travailler tout à la fois à la réformation de l'ancienne France et à l'établissement de l'Église de la nouvelle, par la fondation de Montréal, M. Olier ne suivit que les mouvements de son zèle et l'ardeur de sa charité. Le succès si étonnant de la colonie de Ville-Marie, que les fondateurs avaient connu et annoncé d'avance comme assuré et infaillible, montre évidemment que ce dessein eut pour principe quelque chose de plus que les efforts de l'esprit humain et du zèle des âmes, et qu'il était appuyé sur les assurances certaines que Dieu lui-même leur en avait données. Nous ne parlerons pas ici de la connaissance que M. de la Dauversière, M. de Renty et Marie Rousseau eurent de cette œuvre avant qu'elle fût entreprise ; mais nous ne pouvons passer sous silence les lumières merveilleuses qu'à ce sujet Dieu donna à M. Olier, ainsi qu'on l'apprend par les *Mémoires* qu'il en dressa pour son directeur : « On ne saurait le croire, dit-il, si l'on n'est établi dans la foi de l'amour de Dieu envers les hommes, et si l'on n'est convaincu de son infinie sagesse, qui emploie les choses les plus impertinentes pour ses œuvres, et de sa puissance divine, qui se sert du néant et de l'infirmité pour faire les effets de sa grâce les plus miraculeux. C'est sur le théâtre de la misère et de l'infirmité qu'éclatent sa puissance et sa miséricorde. Qui eût cru en voyant Jésus, Marie et Joseph dans une étable, que ces trois personnes renverseraient un jour toute la terre? que cet enfant au maillot gouvernerait un jour tout le monde? que celui qui reposait entre deux animaux, serait assis triomphant dans les cieux, au milieu des deux personnes adorables du Père et du Saint-Esprit? que cet enfant alors muet, infirme, impuissant de se bouger, de parler, de marcher, avait en soi un Dieu qui soutient tout le monde et vivifie toute la créature?

« Dieu a voulu agir ainsi dans l'établissement de ce grand œuvre de l'Église, afin qu'on vît ouvertement que c'était sa main seule qui avait entrepris cet édifice. Car c'est le dessein de Dieu de vouloir paraître, en tout, l'auteur de son ouvrage, et de ne souffrir pas que personne en puisse partager la gloire avec lui, pas même son Fils, cet instrument si saint, si parfait, si divin. Pour cela donc il a voulu que son Fils parût dans un tel état d'infirmité et de petitesse, que quand on verrait le plus faible de la nature, à savoir le fils d'un charpentier, ce pauvre honteux et misérable, remuer tout le monde, renverser les États, les monarchies et les empires, abattre l'orgueil de la sagesse du démon par la folie de ses maximes, par la faiblesse et l'ignorance de ses apôtres, on reconnût ouvertement que c'était la main seule de Dieu qui avait exécuté un ouvrage si admirable.

« Tout de même en est-il dans ce temps où Dieu, par une miséricorde infinie, veut faire de nouveaux biens à son Église et redonner l'esprit primitif. Il s'est tellement plu dans les mystères passés de Jésus, Marie et Joseph, ces mystères étaient conduits d'ailleurs par une sagesse si admirable, qu'ayant à renouveler la piété première, il prétend suivre la conduite qu'il a tenue sur son Église, quand il l'a instituée et fondée sur la terre, et se servir d'un semblable procédé. L'œuvre dont je parle, doit consister en deux choses : l'une est le renouvellement de l'Église dans ces quartiers, l'autre l'établissement d'une nouvelle Église en Canada, où l'on va bâtir une ville chrétienne, qui est une œuvre d'une merveilleuse importance. Pour montrer la conduite qu'il a tenue sur l'Église en l'établissant par les intercessions de Jésus, Marie, Joseph, ce qui a été entièrement négligé par les hommes, et à quoi on ne pense guère, Dieu veut mettre devant nos yeux une figure et une image sensible de la vérité des mystères passés. Ayant résolu d'opérer ces deux œuvres par les intercessions de Jésus, Marie, Joseph, il veut se servir pour ce sujet de trois personnes en terre, qu'il remplit de l'esprit de Jésus, Marie, Joseph, et qui sont comme les sacrements de ces trois augustes personnes, portant en elles des grâces semblables à celles de leurs patrons, et recevant communication de leur esprit.

« Qui dirait ces mystères à des âmes incrédules, ce serait un sujet de mépris et de risée, et une fable à la plupart du monde. C'est chose merveilleuse de voir ce qui se passe dans les âmes. C'est chose inconcevable à qui ne le sent pas et n'a point d'entrée dans les voies de l'Esprit divin qui, étant en sa sagesse et en son amour, produit des effets qui sont incroyables à ceux qui ne s'efforcent pas de se convaincre de l'infini amour de Dieu envers les hommes. C'est pourquoi les théologiens remarquent, au commencement du mystère de l'Incarnation, qu'il serait impossible aux hommes et aux anges, sans la foi, de concevoir la possibilité de ce mystère. Il en est tout de même de l'œuvre dont je parle, et que la bonté de Dieu, par une miséricorde infinie, prétend opérer dans la même conduite qu'il a tenue en instituant son Église sur la terre. Dans sa bonté et sa puissance, il se sert de ce qu'il lui plaît pour faire son ouvrage, sans s'arrêter aux talents, ni aux conditions des personnes pour l'exécuter; et au contraire, pour renverser le cours de la sagesse humaine, il prend plaisir à se servir des choses les plus abjectes et les plus méprisables.

« Hélas! je n'ose me nommer, ni dire que dans la fondation de cette nouvelle Église, qui doit se faire par Jésus, Marie, Joseph, Dieu désire que je tienne la place de son Fils; ce que je ne dis qu'à ma condamnation, me voyant si indigne et si éloigné d'avoir part aux grâces nécessaires pour représenter Notre-Seigneur, sinon en tant que je suis tout couvert de péchés qui me sont propres, comme Notre-Seigneur était chargé de péchés étrangers. Je ne puis douter des volontés de Dieu et du dessein si merveilleux que celui dont je parle, qui est cette nouvelle Église que la bonté de Dieu veut former. Tous ces jours passés, je voyais devant mes yeux ce qu'il avait plu à Dieu de me montrer autrefois, à savoir : un pilier qui servait de fondement et d'appui à deux arcades, ou à deux églises, dont l'une était vieille et ancienne, et l'autre était nouvelle. Toutes deux venaient se joindre et aboutir sur ce pilier et cette pierre fondamentale qui est moi-même, en tant que rempli de la présence de Jésus-Christ, l'unique fondement de toute la réforme de l'Église présente et de l'établissement de la nouvelle qui doit se faire en Canada.

« Grand Dieu, c'est bien ici que je dois m'abîmer et m'oublier moi-même; c'est bien ici que je dois m'abandonner et me perdre en votre Fils unique, comme vous l'avez dit, il y a très longtemps : *Il faut vous consommer en moi, afin que je fasse tout en vous.* Anéantissons-nous, pauvres vases fragiles, pauvres figures corruptibles, pauvres images de terre. Adorons Dieu en sa conduite et dans le plaisir qu'il prend à faire des choses grandes par des sujets méprisables. Adorons Dieu qui nous choisit pour ce dessein, et abandonnons-nous totalement à sa conduite. Pour moi, je ne puis autrement ; car si je voulais penser à ce que je suis, et à ce que Dieu désire faire, je m'irais cacher et m'abîmerais au plus profond cachot de la terre, comme l'esprit de Dieu me l'a fait ressentir.

« C'est une chose étrange en quel profond anéantissement cette vue me réduit, crainte d'être infidèle, à cause que je me vois le plus pauvre et le plus méprisable du monde, un néant inutile et impertinent à un œuvre si saint. Je vois que maintenant je ne puis faire de fautes que de la nature de celles d'Adam, en tant qu'elles porteraient coup à l'Église, qui me regarde comme l'un de ses pauvres appuis ; ce qui m'anéantit extraordinairement, et m'approfondit comme une pierre angulaire cachée et enfouie sous un grand bâtiment. Quelque part que j'aie dans ce mystère, et quoique Dieu désire que j'y représente la personne de son divin Fils, je sais bien que je ne suis pas digne de servir les saintes âmes qui doivent aussi y avoir part, ni d'être leur valet. Je ne suis que comme spectateur et admirateur de ces divines merveilles, et je m'estimerais trop heureux d'être toute ma vie à baiser leurs pieds et à révérer les merveilles que Dieu opère en elles. »

M. Olier, ayant reçu la visite du Père de Rhodes, s'offrit de grand cœur pour l'accompagner ; mais ce qu'il craignait, arriva. Ce religieux, ne doutant pas que Dieu n'eût destiné M. Olier à travailler en France au renouvellement de l'ordre sacerdotal, refusa ses services. Le serviteur de Dieu lui fit néanmoins de nouvelles instances ; et, tout accablé qu'il était d'infirmités, il se jeta à ses genoux et le conjura de l'agréer, l'en suppliant par tous les motifs que pouvait lui inspirer son grand amour pour le salut des âmes. Tout fut inutile : le Père de Rhodes demeura inébranlable. Reconnaissant alors la volonté de Dieu dans le refus de ce missionnaire, et dans la réponse uniforme des personnes qu'il voulut encore consulter, il se soumit humblement, se reconnaissant indigne d'une telle grâce. « Il y a huit jours, écrivait-il, que je fis paraître la superbe de mon cœur, témoignant le désir que j'avais de suivre ce grand apôtre du Tong-King et de la Cochinchine. Mais, après lui avoir parlé à fond de ce dessein, ou plutôt de ce projet, ce saint homme, ou Notre-Seigneur en lui, m'en a jugé indigne. Ainsi je me vois obligé de demeurer ici dans mon néant, attaché à l'emploi que la divine Majesté m'a donné, où, rempli de la vue de ma misère et de mon indignité, je gémirai et soupirerai toute ma vie, pour m'être rendu par mes infidélités si indigne de cet honneur. Je vois qu'il faut nous tenir dans notre néant, recevant avec amour et avec joie les croix et les souffrances qui se rencontrent dans le service du Seigneur. La charité crucifiée est la plus pure. Il faut gémir en secret, et faire pénitence en notre cœur, vivant martyr de Jésus-Christ en l'Église. Cette vie cachée me tient davantage en mon centre, qui est la petitesse d'esprit et le néant. Ces autres emplois ont quelque chose d'éclatant que j'appréhenderais. Mais celui où Notre-Seigneur a fait la grâce à ce pauvre pécheur, de l'appeler est plus caché, plus inconnu. Il a plus de rapport à l'anéantissement de notre Maître, qui n'est pas sorti de la Judée, pour faire tout le bien qu'il aurait pu par la prédication de l'Évangile; mais, laissant à ses disciples à exercer le zèle caché et inconnu de son âme pour la gloire de Dieu, il s'est contenté de travailler dans ce petit pays, et parmi le peuple où il avait été envoyé. »

NOS ORIGINES

---·✱·---

L'œuvre que M. Olier eut le plus à cœur, après la sanctification du clergé, fut la conversion des sauvages de la Nouvelle-France. Il gémissait de voir que la foi n'eût presque point encore pénétré dans ce pays, soumis depuis plus d'un siècle à la France, et qu'à la honte du christianisme, l'ambition eût formé diverses compagnies de commerce, pour dépouiller le Canada de ses richesses, sans que presque personne eût songé à lui porter en échange les richesses bien plus précieuses de la foi. Brûlant du désir de se consacrer à une si noble entreprise, il résolut de former à son tour une compagnie, uniquement dévouée au salut de ces nations abandonnées. Québec, le seul établissement qu'il y eût encore, était trop incommode pour les sauvages du Haut-Canada, qui ne pouvaient alors y descendre facilement pour leur commerce, en sorte que l'œuvre de leur conversion n'avait fait que languir. Il conçut donc le dessein de bâtir, dans l'île de Montréal, une ville qui serait tout à la fois le siège des missions, une barrière aux incursions des sauvages, et le centre du commerce pour les peuples voisins; elle serait consacrée à la très sainte Vierge, et appelée pour cela Ville-Marie. « De tous les projets que l'on a faits pour la conversion de ces barbares, écrivait vers la fin du même siècle le Père Le Clercq, Récollet missionnaire, il n'y en a point eu de plus désintéressé, de plus solide, ni de mieux concerté que celui-ci. »

Pendant que M. Olier en méditait l'exécution, il connut de la manière du monde la plus extraordinaire un gentilhomme à qui Dieu avait inspiré le même dessein. C'était Jérôme Le Royer de la Dauversière, résidant à La Flèche en Anjou, qui, après s'être converti à Dieu, portait au plus haut degré l'abnégation, le détachement, l'assiduité à l'oraison et surtout l'amour des austérités, quoique engagé dans l'état du mariage. Il était persuadé qu'il devait donner commencement à une congrégation d'hospitalières, afin d'en former ensuite un établissement dans l'île de Montréal, encore inculte et déserte. Son directeur, à qui il fit part d'un dessein en apparence si extravagant, le rejeta d'abord comme on devait s'y attendre. Néanmoins, après l'avoir examiné mûrement, il finit par y donner son approbation, et permit à M. de la Dauversière d'aller à Paris, pour essayer de se procurer les secours nécessaires à l'établisssement d'une colonie dans cette île. Il fallait en effet commencer par là, puisque les hospitalières qu'il voulait fonder ne devaient être destinées qu'au soulagement des colons, lorsqu'ils seraient malades. Étant arrivé à Paris, il alla se présenter chez le garde des sceaux, qui était alors à Meudon. Dans le même temps, M. Olier s'y rendit pour quelques affaires, et la Providence voulut qu'ils se rencontrassent dans la galerie de l'ancien château. Alors ces deux hommes, qui ne se connaissaient pas, qui ne s'étaient jamais vus, et n'avaient eu aucune sorte de rapport ensemble, poussés par une sorte d'inspiration, coururent s'embrasser comme deux amis qui se retrouveraient après une longue séparation. « Ils se jetèrent au cou l'un de l'autre, dit M. de Bretonvilliers, avec des

M. Normant.

M. de Belmont.

M. E. Mongolfier.

M. J.-H.-A. Roux,
Supér. du Séminaire de Montréal.

1*

tendresses et une cordialité si grandes, qu'il leur semblait qu'ils n'étaient qu'un même cœur. » Ils se saluèrent mutuellement par leur nom, ainsi que nous le lisons de saint Paul et de saint Antoine. M. Olier félicita M. de la Dauversière du sujet de son voyage, et, lui mettant entre les mains un rouleau d'environ cent louis d'or, lui dit ces paroles : *Monsieur, je veux être de la partie.* Il célébra ensuite la sainte Messe, où M. de la Dauversière communia ; et, après leur action de grâces, ils se retirèrent dans le parc du château, où ils s'entretinrent, durant trois heures, des desseins qu'ils avaient formés l'un et l'autre pour procurer la gloire de DIEU dans l'île de Montréal. Tous deux avaient les mêmes vues et se proposaient d'employer les mêmes moyens. Cette rencontre si extraordinaire, et la conformité non moins frappante de leurs projets, ne leur permettait pas de douter que DIEU ne les eût effectivement choisis pour réaliser de concert cette entreprise. Ils se lièrent dès ce moment d'une très étroite amitié, et entretinrent un commerce de lettres.

*
* *

M. Olier commença par former une association de personnes zélées et opulentes, connue depuis sous le nom de *Société de Notre-Dame de Montréal,* et que le Souverain Pontife daigna encourager par des indulgences plénières. Le serviteur de Dieu la dirigea constamment par ses conseils, et M. de la Dauversière en exécuta ponctuellement presque toutes les résolutions, en qualité de procureur, que sa modestie lui fit prendre. La première fut d'aller demander l'île de Montréal à M. de Lauzon, intendant du Dauphiné, qui l'avait reçue en don de la grande compagnie du Canada, à condition d'y établir une colonie. Ce magistrat, cédant aux instances réitérées de M. de la Dauversière, qui fit deux fois, à cette fin, le voyage du Dauphiné, le substitua à sa place par contrat passé le 17 août 1640, et approuvé par la grande compagnie au mois de décembre suivant. Enfin, par un autre contrat, M. de la Dauversière déclara qu'il n'avait reçu l'île de Montréal que pour M. Olier et les autres associés de la Compagnie. Voici les principales dispositions des articles que la société de Montréal s'engagea à exécuter, et qui furent vraisemblablement rédigés par M. Olier et M. de la Dauversière : « Le dessein des associés est de travailler purement pour la gloire de Dieu et le salut des sauvages. Pour atteindre ce but, ils ont arrêté entre eux d'envoyer l'an prochain à Montréal quarante hommes bien conduits, équipés de toutes choses nécessaires pour une habitation, et de fournir deux chaloupes pour transporter les vivres de Québec à Montréal. Ces quarante hommes, étant arrivés dans l'île, se fortifieront d'abord contre les sauvages, puis s'occuperont pendant quatre ou cinq ans à défricher la terre et la mettre en état d'être cultivée. Pour avancer cet ouvrage, les associés augmenteront d'année en année le nombre des ouvriers, selon leur pouvoir ; enverront des bœufs et des laboureurs à proportion de ce qu'il y aura de terres défrichées, et un nombre suffisant de bestiaux pour en peupler l'île et engraisser les terres. Les cinq années étant expirées, les associés, sans interrompre le défrichement, feront bâtir un séminaire, c'est-à-dire une sorte de collège pour y instruire les enfants mâles des sauvages. On tâchera de conserver habituellement dans cette maison dix ou douze ecclésiastiques, dont trois ou quatre sauront les langues du pays, afin de les enseigner aux missionnaires qui viendront de France. Ceux-ci, en arrivant, se reposeront un an au séminaire, pour apprendre ces langues et ensuite être dispersés parmi les nations sauvages, selon qu'il sera jugé à propos. S'ils tombent malades, le séminaire leur servira de retraite. Les autres ecclésiastiques s'occuperont à l'instruction des enfants des sauvages et des Français habitants de ladite île. Il y faudra encore un séminaire de religieuses pour instruire les filles sauvages et les françaises, et un hôpital pour y soigner les pauvres sauvages quand ils seront malades. Enfin, toutes ces choses étant en bon état, on ne pensera qu'à bâtir des maisons pour loger quelques familles françaises, les ouvriers nécessaires dans le pays; les jeunes gens mariés qui auraient été instruits au séminaire, et les autres sauvages convertis qui voudraient s'y arrêter. On donnera à ceux-ci quelques terres défrichées, des grains pour les semer, des outils et des hommes pour leur apprendre à les cultiver. Au moyen de ces mesures, les associés espèrent de la bonté de Dieu voir en peu de temps une nouvelle Église, qui imitera la pureté et la charité de la primitive; ils espèrent encore que, dans la suite, eux-mêmes et leurs successeurs, étant bien établis dans l'île de Montréal, pourront s'étendre dans les terres et y faire de nouvelles habitations, tant pour la commodité du pays que pour faciliter la conversion des sauvages. »

* * *

M. de la Dauversière et M. Olier avaient déjà envoyé à Québec vingt tonneaux de vivres et d'autres choses nécessaires à l'établissement de la colonie;

et, l'année suivante, ils assemblèrent environ trente familles, qui, par zèle pour la religion plutôt que par intérêt, se dévouèrent à cette bonne œuvre. De ce nombre étaient des gentilhommes, des négociants, des artisans, des cultivateurs. Il manquait un homme d'expérience et d'autorité, qu'on pût mettre à la tête de la colonie; M. Olier et son collègue avaient souvent demandé à Dieu d'en susciter quelqu'un, lorsque M. Paul de Chaumedy de Maisonneuve, exercé dès sa jeunesse au métier des armes, et tout dévoué aux intérêts de la religion, se présenta de lui-même pour conduire ce dessein. Ils demandaient aussi à Dieu d'inspirer un semblable dévouement à quelque femme courageuse, qui pût assister les malades de la colonie; et dans le même temps, arriva de Langres à Paris Mlle Manse, qui s'offrit en effet pour les servir. Après qu'elle eut fait connaître ses dispositions à M. Olier et à Marie Rousseau, qui la confirmèrent dans son dessein et acceptèrent avec reconnaissance ses services, elle se rendit à La Rochelle pour l'embarquement. Là elle eut occasion de voir pour la première fois M. de la Dauversière, et entra aussitôt dans un parfait accord de vues et d'esprit avec ce grand serviteur de Dieu.

Enfin la petite troupe, s'étant partagée sur deux vaisseaux, mit à la voile, vers la fin du mois de juin 1641, et arriva heureusement à Québec, où elle passa l'hiver. Les missionnaires de la compagnie de Jésus résidant dans cette ville, et que les associés de France avaient priés d'assister spirituellement ces pieux colons, en attendant qu'on leur envoyât des ecclésiastiques, admirèrent leur courage et la foi de ceux qui dirigeaient une entreprise si hardie; en sorte que le Père Vimont, leur supérieur, en écrivit en ces termes au Provincial de France : « Un grand homme de bien, n'ayant jamais vu le Canada que devant Dieu, se sentit fortement inspiré d'y travailler pour sa gloire. Ayant fait rencontre d'une personne de même cœur (il parle de M. de la Dauversière et de M. Olier), ils envoyèrent, l'an 1640, vingt tonneaux, et l'année dernière firent passer quarante hommes pour former les fondements de ce généreux dessein. Cette entreprise paraîtrait autant téméraire qu'elle est sainte et hardie, si elle n'avait pour base la puissance de Celui qui ne manque jamais à ceux qui n'entreprennent rien qu'au branle de ses volontés; et qui saurait ce qui se passe pour faire réussir cette grande entreprise, jugerait aussitôt que Notre-Seigneur en est le véritable auteur. »

⁎
⁎ ⁎

Pendant que les colons attendaient à Québec le retour du printemps pour passer à Montréal, M. Olier, retiré alors à Vaugirard, où il commençait l'établissement de son séminaire, conçut un dessein bien digne de sa religion : ce fut de consacrer cette île à la Sainte-Famille avant que la colonie en prît possession. Au mois de février 1642, il réunit dans l'église de Notre-Dame tous les membres de la compagnie de Montréal, dit la sainte Messe à l'autel de la sainte Vierge, où il communia tous ceux qui n'étaient point prêtres, tandis que les prêtres célébraient aux autels voisins; et tous consacrèrent l'île à la Sainte-Famille, sous la protection particulière de la sainte Vierge, et se consacrèrent eux-mêmes à ce pieux dessein. Au sortir de Notre-Dame, ils se rendirent à l'hôtel de Lauzon, pour concerter les moyens de consolider la bonne œuvre. Il fut résolu qu'on ferait un armement considérable, qu'on fréterait au moins trois navires, pour transporter à Montréal autant d'honnêtes familles de différents états, qu'on en pourrait trouver disposées à cette émigration; qu'on prendrait possession de l'île au nom de la très sainte Vierge, qui en serait toujours regardée comme la première et véritable maîtresse; et qu'avec la permission du Roi on y bâtirait une ville sous le nom de *Ville-Marie*. Puis, chacun s'étant fait un devoir de contribuer généreusement aux frais nécessaires pour l'exécution de ce dessein, on recueillit, sans sortir de l'assemblée, une somme de plus de deux cent mille livres.

⁂

Le 17 mai 1642, la petite troupe qui avait passé l'hiver à Québec arriva à Montréal. En abordant, elle se prosterna sur le rivage, et, dans les transports d'un saint enthousiasme, elle entonna plusieurs psaumes pour témoigner sa reconnaissance à Dieu. Dans le lieu destiné pour la nouvelle ville, on éleva des tentes et des pavillons pour se loger, et l'on dressa un autel, où le lendemain le Père Vimont, après le *Veni Creator,* célébra le premier le saint Sacrifice, et exposa le saint Sacrement pour obtenir du Ciel un heureux commencement à cette œuvre. Une chapelle construite avec des écorces fut d'abord le lieu où l'on déposa le très saint Sacrement, qui depuis ce moment a toujours été conservé à Ville-Marie; et comme le pays ne fournissait ni huile ni cire, on mit devant le tabernacle qu'on avait apporté de France, au lieu de lampe, une fiole de verre, où l'on avait renfermé plusieurs mouches à feu, insectes qui, lorsqu'on les multiplie, jettent une lumière semblable à celle de plusieurs bougies réunies.

Tels furent les commencements de Ville-Marie. Il ne manquait aux vœux de M. Olier que de pouvoir passer lui-même dans ce pays lointain. L'autorité du Père de Condren fut seule capable de l'arrêter; depuis, il ne cessa de gémir et de soupirer pour obtenir un jour cette grâce. « Étant instruit, écrivait-il en 1642, des biens qui se font en Canada, pays habité par des peuples gentils, et me trouvant lié de société comme miraculeuse à celui à qui Notre-Seigneur a inspiré le mouvement et commis l'entreprise de Ville-Marie, je me suis toujours senti porté d'aller finir mes jours en ces quartiers, avec un zèle continuel d'y mourir pour mon Maître. Qu'il m'en fasse la grâce, s'il lui plaît : je continuerai toujours à l'en solliciter avec instances. »

Pour se mettre à couvert des incursions des sauvages, la colonie construisit à la hâte quelques fortifications avec de gros pieux. Bientôt elle s'y vit harcelée par les Iroquois, les plus cruels d'entre ces peuples barbares, et qui avaient coutume de brûler vifs leurs prisonniers, et de se nourrir ensuite de leurs chairs. A ces alarmes journalières se joignit encore la disette : car la terre, pendant plus de dix ou douze ans, ne produisit presque rien, tant par l'inexpérience des colons à l'égard du climat de ce pays, que par les travaux sans nombre dont ils se voyaient accablés. Quoiqu'on eût la consolation de voir plusieurs sauvages embrasser le christianisme, cette île fut néanmoins, dans les premiers temps, le théâtre d'une guerre très meurtrière qui, dans une infinité de surprises et de petits combats, fit répandre beaucoup de sang, et donna lieu à des cruautés inouïes. « Les Iroquois, écrivait Mlle Manse, ayant vaincu et presque entièrement détruit les Hurons, leurs anciens ennemis, se tournèrent contre nous avec plus d'orgueil et d'insolence qu'ils n'avaient fait jusqu'alors. Ils nous serraient de si près, et leurs attaques étaient si brusques et si fréquentes, qu'il n'y avait plus de sûreté pour personne. Ils tuèrent plusieurs des nôtres, et brûlèrent des maisons de Ville-Marie. Notre hôpital même n'était pas en sûreté, et il fallut y mettre une forte garnison pour le défendre ; enfin, tout le monde était découragé. » Dans cet état de choses, M. de Maisonneuve prit le parti de repasser en France pour demander des renforts à la compagnie de Montréal, et parvint, en effet, à rassembler plus de cent hommes, tous robustes, exercés au métier des armes, qui s'embarquèrent avec joie pour une si glorieuse expédition.

*
* *

Un secours non moins utile à la colonie, ce fut le dévouement d'une fille de Troyes, nommée Marguerite Bourgeois, qui établit, pour l'instruction des petites filles, une congrégation nombreuse *encore subsistante*. Cette digne émule de Mlle Manse, inspirée comme elle de se consacrer à cette œuvre naissante, quitta sa patrie avec un courage et une confiance que l'Esprit de Dieu pouvait seul lui inspirer. « Je dis alors en moi-même, écrivait-elle dans la suite à M. Tronson, si c'est la volonté de Dieu que j'aille en Canada, je n'ai besoin d'aucune chose ; et je partis sans denier ni maille, n'ayant qu'un petit paquet que je pouvais porter sous mon bras. » Après une multitude de difficultés, dont la sœur Bourgeois triompha par la générosité de son zèle, elle s'embarqua cette année 1653, arriva à Montréal, et déploya dans cette colonie la charité d'une héroïne et d'un apôtre. Ville-Marie se composait alors d'une cinquantaine de maisons, dispersées çà et là dans l'enceinte d'un petit fort de pieux, et de quelques cabanes dressées dans la campagne, qu'on commençait à peine à défricher. La sœur parcourait seule, chaque jour, presque toutes ces maisons, pour y instruire les enfants et les ignorants ; et, semblant encore se multiplier elle-même, on la voyait visiter et servir les malades, consoler les affligés, blanchir le linge et raccommoder les hardes des pauvres et des soldats, ensevelir les morts, et se dépouiller, en faveur des nécessiteux, des choses les plus indispensables. Enfin, ne pouvant suffire aux besoins des habitants, dont le nombre croissait de jour en jour, elle repassa plusieurs fois en France, pour y chercher des coopératrices; et quoiqu'elle ne promît que des privations et des souffrances aux filles qui s'offraient pour la suivre, elle ne laissa pas de former une nombreuse communauté.

⁂

M. Olier, de son côté, avait singulièrement à cœur de procurer un autre genre de secours non moins important à la colonie. En fondant Montréal, les associés avaient dessein d'y attirer tous les sauvages répandus dans un rayon de plus de quatre cents lieues, pour les instruire de la religion. Ce projet demandait un grand nombre d'ouvriers toujours présents dans le pays; et comme on n'en trouvait point en France qui voulussent aller évangéliser des peuples si cruels, il pensa que, si l'on pouvait y ériger un siège épiscopal, on formerait, par ce moyen, des ouvriers sur les lieux mêmes. M. Le Gauffre, successeur du Père Bernard, avait sollicité aussi avec beaucoup d'ardeur l'érection de ce siège, et avait même été nommé pour aller l'établir, lorsque Dieu l'appela à lui. Mais, voulant y contribuer même après sa mort, il laissa, par son testament, dix mille livres, pour servir à la dotation de l'évêque et de son Chapitre. Le clergé de France étant alors assemblé à Paris, les associés de Montréal prièrent M. Godeau, évêque de Grasse, d'exposer à cette illustre compagnie la nécessité de donner un évêque à la Nouvelle-France, et de demander que la somme laissée par M. Le Gauffre fût appliquée à sa destination. L'assemblée députa, en effet, à la Reine, les évêques de Séez et de Grasse, et résolut d'écrire à Sa Sainteté, s'il en était besoin. Mais les troubles politiques qui survinrent dans le royaume, firent différer de longtemps l'exécution de ce dessein.

Après la cessation des troubles, les associés de Montréal renouvelèrent leur demande, et offrirent de supporter toutes les dépenses qu'occasionnerait cette érection. La difficulté était de remplir un tel siège : un ecclésiastique du séminaire de Saint-Sulpice consentit par zèle à l'occuper, et l'évêque de Vence le proposa à l'assemblée du clergé, sans le nommer encore. « C'est un abbé, dit-il, qui veut bien aller sacrifier, parmi ces sauvages, son bien et sa personne. Je ne le puis encore nommer; mais je dois assurer la compagnie qu'il a toutes les conditions requises, soit de prudence, soit de doctrine, qui sont nécessaires à un homme qui va fonder une église parmi les infidèles. Depuis plusieurs années, il travaille dans les diocèses de Nosseigneurs les Évêques de Languedoc avec un très grand fruit, et il y a lieu d'espérer que Dieu bénira ses travaux. » L'assemblée approuva unanimement la proposition, et chargea M. Godeau de faire en son nom, conjointement avec les Agents du clergé, toutes les sollicitations nécessaires auprès du Pape, du Roi et du cardinal Mazarin. Ils s'en occupèrent avec beaucoup d'activité du côté de Rome. Il paraît qu'au mois de janvier suivant 1657, on n'attendait plus que le consentement du monarque; et pour l'obtenir plus sûrement, les associés dressèrent le contrat de dotation de l'évêché et du chapitre, et le remirent à l'assemblée du clergé qui devait le présenter au Roi. Dans la séance du 10 janvier, M. Godeau, parlant encore de ce dessein, nomma cette fois l'ecclésiastique qui consentait à aller occuper ce nouveau siège. C'était M. de Queylus, l'un des premiers associés de Montréal. « C'est un homme, dit-il, dont tous Messeigneurs les Évêques de Languedoc connaissent la probité, le zèle, la capacité, et qui possède une abbaye assez considérable. Il veut bien aller se sacrifier dans ce nouvel évêché, dans ce pays barbare et si éloigné de toute consolation. »

⋆
⋆

Outre l'érection d'un siège épiscopal dans ce pays, on désirait encore l'établissement d'une communauté de missionnaires, ainsi qu'on se l'était proposé au commencement. M. de Maisonneuve, gouverneur de l'île, vint en France pour en représenter de vive voix la nécessité, et pressa M. Olier de se charger lui-même de cette œuvre. Tous les membres de la *Société de Montréal* exprimant ainsi le même vœu, M. Olier accepta enfin la conduite de cette mission, con-

Séminaire de Saint-Sulpice.

formément à la pensée que Dieu lui avait inspirée depuis longtemps. Mais, sur ces entrefaites, le dessein d'un établissement d'un évêché échoua par l'opposition de quelques personnes puissantes. Sans être arrêté par ce contretemps, M. Olier nomma M. de Queylus pour être supérieur de l'établissement projeté, et lui associa trois ecclésiastiques : M. Souart, destiné pour la cure de Ville-Marie, M. Galinier, et enfin M. d'Allet, qui devait servir de secrétaire à M. de Queylus, nommé vicaire général pour le Canada. Lorsque M. Olier proposa cette mission à ses ecclésiastiques, tous s'offrirent comme de concert. L'un d'eux, M. Le Maître, voulant témoigner de son zèle, se mit alors à dire qu'une fois en Canada il serait prêt à courir de toutes parts pour chercher des sauvages ; qu'il irait même les trouver dans leur pays. « Vous n'en aurez pas la peine, reprit M. Olier; ils viendront bien vous chercher eux-mêmes, et vous vous en trouverez si environné que vous ne pourrez vous échapper de leurs mains. » Cette prédiction fut bientôt justifiée par l'événement. Deux ans après la mort du serviteur de DIEU, on envoya M. Le Maître à Ville-Marie. Le jour de la

Décollation de saint Jean-Baptiste, 29 août 1661, après avoir dit la sainte Messe, il se mit à faire la garde, pendant que les serviteurs de la communauté s'occupaient à la moisson. Alors une troupe d'Iroquois, cachés en embuscade, fondirent sur lui et lui tranchèrent la tête, qu'ils mirent dans un mouchoir, et qu'ils emportèrent dans leur pays. « Lorsque ces barbares l'eurent décapité, écrivaient les Hospitalières de Montréal à leurs sœurs de France, tous les traits de son visage demeurèrent empreints sur ce mouchoir, en sorte que plusieurs des nôtres, qui étaient prisonniers dans leur pays, le reconnurent parfaitement : ce que nous ont dit plusieurs fois M. de Saint-Michel, M. Cuillerier, personnes dignes de foi, ainsi qu'un Père Jésuite, qui était prisonnier d'une nation plus éloignée, et qui nous a assuré que les sauvages lui avaient parlé de cette merveille comme d'une chose extraordinaire.

Ce qu'il y a de particulier, c'est qu'il n'y avait point de sang au mouchoir, et qu'il était très blanc : il paraissait dessus comme une cire blanche très fine, qui représentait la face du serviteur de Dieu. Les sauvages s'entre-disaient les uns aux autres, que cet homme était un grand démon, ce qui veut dire, parmi eux, un homme excellent et tout esprit. Ils en conçurent une si grande crainte, qu'ils vendirent ce mouchoir aux Anglais. Le Père Jésuite fit tout son possible pour l'acheter; mais il ne put y réussir, les sauvages ayant menacé les Anglais de les détruire, s'ils le lui donnaient.

La sœur Bourgeois, qui rapporte les mêmes circonstances, ajoute qu'on regardait comme un fait constant que M. Le Maître avait parlé après que sa tête eut été séparée de son corps. Sans doute qu'à l'exemple du premier martyr, saint Étienne, il demanda grâce pour ses meurtriers; car le sauvage qui lui avait tranché la tête, et qui s'appelait Hoandoron, eut le bonheur de se convertir et de mourrir à la mission des prêtres de Saint-Sulpice, aussi chrétiennement qu'il avait vécu depuis son baptême. « Cette perte, continuent les Hospitalières, nous a coûté bien des larmes, tant à cause de l'estime et de la vénération dont nous étions pénétrées pour ce grand serviteur de Dieu, que pour les obligations infinies que nous lui devions. » Puis elles ajoutent : « Nous nous flattions au moins de posséder pendant longtemps M. Vignal, qui nous avait été donné pour supérieur; mais le bon Dieu en a bien disposé autrement, et lui a fait éprouver le même sort qu'à M. Le Maître. Après la mort de ce dernier, il fut mis économe du séminaire, et obligé, pour satisfaire à sa charge, d'aller avec quelques ouvriers à une île nommée l'Ile-à-la-Pierre, pour en faire tirer des matériaux, afin de bâtir le séminaire. Il fut aperçu par les sauvages, qui le prirent et le tuèrent. Ces malheureux, non contents de cela, firent rôtir sa chair et la mangèrent. C'étaient des circonstances bien douloureuses pour ses amis, mais particulièrement pour nous qui en sommes vivement affligées. »

***

La compagnie de Montréal s'était efforcée depuis vingt et un ans de défricher et de peupler le pays, autant que les circonstances avaient pu le permettre. Mais cette compagnie ayant perdu la plupart de ses membres les plus opulents, dont plusieurs étaient morts, d'autres s'étaient retirés ; de plus, se voyant chargée de dettes énormes, sans aucune espérance de les acquitter, elle résolut de substituer à sa place les ecclésiastiques du séminaire de Saint-Sulpice, qui depuis treize ans soutenaient presque seuls la colonie par leurs largesses, et depuis six ans y étaient établis en communauté. Les associés qui restaient alors, jugèrent d'ailleurs que, M. Olier ayant été suscité de Dieu pour donner commencement à cette œuvre, ayant fait paraître tant de zèle et de générosité pour l'entreprendre, et ayant donné assurance qu'elle deviendrait florissante un jour, ils ne pouvaient mieux en assurer le succès qu'en la remettant entre les mains du séminaire de Saint-Sulpice; ce qu'ils firent par contrat du 9 mars 1663. « Considérant, disent-ils dans cet acte, les grandes bénédictions qu'il a plu à Dieu de répandre dans l'île de Montréal par les soins de M. l'abbé Olier et autres, et combien MM. du séminaire de Saint-Sulpice ont travaillé pour soutenir cette bonne œuvre, ayant exposé leurs personnes, et fait de fortes contributions pour le bien de la colonie et l'accroissement de la gloire de Dieu, les associés, désirant de contribuer de leur part, pour seconder les pieux desseins de MM. du séminaire, et honorant la mémoire de M. l'abbé Olier, donnent, par ces présentes, à MM. du séminaire l'île de Montréal. »

L'une des conditions imposées au séminaire de Saint-Sulpice fut l'acquittement de toutes les dettes de la compagnie. Elles s'élevèrent à la somme de cent trente mille livres, que M. de Bretonvilliers paya de ses propres revenus; mais ce n'était là qu'une partie de la charge que le séminaire de Saint-Sulpice devait porter en acceptant cette donation. Les associés qui désiraient de voir continuer l'œuvre de Montréal avec le même esprit de désintéressement qui l'avait fait entreprendre, et qui espéraient ce bien, si le séminaire de Saint-Sulpice en demeurait toujours chargé, mirent pour première condition que le domaine et la propriété de l'île seraient inséparablement unis au séminaire, sans en pouvoir être séparés pour quelque cause et occasion que ce fût. Cette clause qui, d'une part, interdit au séminaire tout droit de vendre ou d'aliéner, l'obligea, de l'autre, à tant de dépenses pour soutenir et accroître la colonie, qu'il aurait été contraint de succomber, sans les libéralités que M. de Bretonvilliers, M. de Queylus, M. du Bois et quelques autres de ses membres faisaient chaque année en faveur de cette œuvre. Aussi, après la mort de M. de Bretonvilliers, qui seul y avait fourni près de quatre cent mille livres, M. Colbert, touché de la générosité avec laquelle le séminaire de Saint-Sulpice l'avait soutenue jusqu'alors, et sachant qu'il n'était plus en état de suffire à ces énormes dépenses, obtint de Louis XIV une rente annuelle de deux mille écus pour aider le séminaire à fournir aux besoins de la colonie de Montréal.

Malgré ce secours, le séminaire de Saint-Sulpice de Paris fut obligé, pendant près d'un siècle, de s'imposer chaque année des privations considérables en faveur de Montréal; et, pour tout dire en un mot, durant les cinquante premières années qu'ils eurent à porter cette charge, les seigneurs envoyèrent de France plus de neuf cent mille livres de numéraire, ce qui représenterait aujourd'hui la somme de quatre ou cinq millions, sans avoir jamais rien retiré pour eux-mêmes des revenus de la seigneurie. Aussi Louis XIV, par ses lettres patentes de 1714, accorda-t-il, *même à titre onéreux*, la confirmation de l'amortissement de la seigneurie de Montréal aux ecclésiastiques du séminaire de Saint-Sulpice, en considération des *grandes dépenses* qu'eux et leurs auteurs avaient faites pour l'établissement, l'augmentation et la conservation de la colonie.

Il est vrai que les donateurs de 1663, prévoyant les charges énormes que le séminaire de Saint-Sulpice aurait à porter par l'effet d'une donation si onéreuse, ne l'obligèrent d'employer au bien de la colonie que le revenu des terres alors défrichées, sans y comprendre celui des terres qui ne l'étaient pas encore, ni les améliorations, augmentations et acquisitions que MM. du séminaire pourraient faire, et *dont ils pourront disposer,* est-il dit dans l'acte, *ainsi que bon leur semblera;* mais il leur aurait été impossible de soutenir la bonne œuvre, s'ils eussent voulu tirer avantage de cette clause, puisqu'en 1663 le revenu des terres défrichées ne s'élevait guère qu'à cent écus. Il est même à remarquer que, pendant près d'un demi-siècle, les dépenses urgentes qu'exigeait cette œuvre, obligèrent les supérieurs de Saint-Sulpice à n'envoyer à Montréal que des ecclésiastiques qui pussent y payer leur pension et pourvoir à leur entretien. Ce qui faisait dire à M. Tronson, écrivant, en 1686, à M. Dollier de Casson, supérieur du séminaire de Ville-Marie : « Si nos MM. de Montréal étaient mieux fondés et plus à leur aise qu'ils ne le sont, nous pourrions leur envoyer, pour soutenir leur chœur, un chantre que vous me mandez leur être bien nécessaire; mais dans l'état où ils sont, nous ne saurions leur envoyer que des ecclésiastiques qui aient leur pension assurée, entre lesquels rarement trouve-t-on des chantres. » Enfin, plusieurs de ces ecclésiastiques consumèrent leur propre patrimoine au soutien de la colonie, à l'établissement des familles, au soulagement des malheureux : de ce nombre

Le fort des Messieurs en 1694.

fut M. de Belmont, dont les libéralités en faveur du pays s'élevèrent à plus de cent mille écus.

Une conduite si désintéressée attira la bénédiction de Dieu sur leurs travaux. Ils défrichèrent peu à peu toute l'île, la peuplèrent, la mirent en valeur, établirent des paroisses, bâtirent des églises, et entretinrent, pour les sauvages, diverses missions. « L'on doit à leurs soins, écrivait, vers la fin du xviie siècle, le Père Le Clercq, Récollet, les progrès de Ville-Marie, de cinq villages qui sont dans l'île, et de plusieurs autres qui commencent à naître, mais principalement le bel ordre de l'Église distribuée en six paroisses principales de Français, que ces messieurs desservent. L'on aurait peine à croire, comme je l'ai su de personnes dignes de foi, jusqu'à quelles sommes se montent les contributions du commun et des particuliers du séminaire pour cette bonne œuvre. »

« Certainement vingt particuliers, entre lesquels on aurait partagé cette île, disait le Père Charlevoix, ne l'auraient pas mise dans l'état où nous la voyons, et n'y rendraient pas les peuples aussi heureux : c'est le fruit du travail et de la bonne conduite des seigneurs. On avait eu, dès le commencement, une attention particulière à n'y recevoir que des habitants d'une exemplaire régularité ; et cette île ressemblait à une communauté religieuse. » Un autre historien ajoute : « Il a régné longtemps, entre les habitants de Montréal, une sorte de communauté de biens, qui subsiste encore dans les campagnes : on allait, dans les voyages, loger chez les premiers venus ; rien n'était fermé sous la clef, et il était inouï qu'on eût à se repentir de sa confiance. »

Enfin, les espérances de M. Olier, sur l'accroissement de cette colonie, ont été pleinement réalisées : la ville de

Montréal ou autrement Ville-Marie, formée d'abord de quelques cabanes, comme on a vu, prit tant d'accroissement, qu'un siècle environ après sa fondation, elle était presque aussi considérable que Québec. Depuis lors, elle n'a cessé de s'accroître, et, dans ces derniers temps surtout, elle a pris une telle importance qu'aujourd'hui elle compte cent trente mille habitants, dont quatre-vingt-dix mille environ sont catholiques. Grégoire XVI, en 1836, l'a honorée d'un siège épiscopal.

M. Olier n'eut point la consolation de voir de si heureux résultats, étant mort avant que M. de Queylus et ses compagnons eussent mis à la voile. Néanmoins, comme il sentait qu'il touchait à sa fin, et craignait qu'après lui on ne renonçât à un dessein qui devait être d'abord si onéreux et si difficile, il recommanda, peu de temps avant de mourir, qu'on ne laissât pas de le poursuivre, déclarant que telle était la volonté de DIEU.

⁎
⁎ ⁎

Soutenue dans ses faibles commencements par les généreux sacrifices des membres de la *Compagnie de Notre-Dame de Montréal,* fortifiée ensuite par les copieux envois de troupes et de colons de Louis XIV, et surtout du célèbre régiment de *Carignan-Soclières,* la colonie de Montréal, après avoir triomphé des Iroquois, les éternels ennemis des Français, devait succomber sous les attaques réitérées des armées de terre et de mer de l'Angleterre. Dieu le permettait ainsi, non pour la vouer à la destruction, mais pour la soustraire aux fureurs de la Révolution française et lui fournir les moyens de prendre une extension et des forces jusque-là inconnues.

Par le traité de paix de 1763, qui fit

passer le Canada sous la domination de l'Angleterre, il fut stipulé que tous les propriétaires de biens fonciers qui se trouvaient dans le pays auraient la liberté, s'ils répugnaient à devenir sujets britanniques, de vendre ou de faire vendre par leurs représentants les biens qu'ils possédaient, et qu'un délai de dix-huit mois leur serait accordé pour effectuer cette vente. D'après cette autorisation, donnée simultanément par les rois de France et d'Angleterre, et d'après les termes de la donation de 1663, qui obligeait le séminaire à employer au bien du pays les revenus des terres défrichées à l'époque du contrat, le séminaire de Paris pouvait en conscience vendre toutes ses propriétés du Canada et en transporter le prix en France. Bien plus, par égard pour la Compagnie de Saint-Sulpice, dont les membres ne pouvaient devenir sujets britanniques, le roi d'Angleterre accorda un terme plus long que celui de dix-huit mois pour procéder à la vente de ces biens.

Mais le Supérieur Général de Saint-Sulpice et son conseil qui, seuls, pouvaient légitimement les vendre, touchés du tort que la religion catholique pourrait souffrir en Canada de l'extinction du séminaire de Ville-Marie, chargé alors d'un grand nombre de cures, extinction qui ne manquerait pas de produire ce résultat; et voulant, au contraire, maintenir la religion au prix de n'importe quels sacrifices, demandèrent au roi d'Angleterre s'il consentirait à laisser, comme par le passé, au séminaire de Saint-Sulpice de Paris la propriété de ces biens, et à en réserver seulement la jouissance à celui de Montréal. Cette demande étant contraire au traité de paix, le roi répondit que le séminaire de Montréal continuerait à jouir de ces biens, mais sans dépendance de celui de Paris, et qu'en conséquence ce dernier se dessaisirait de la propriété en faveur de la maison de Montréal.

Nantis de cette réponse du roi d'Angleterre, le Supérieur de Saint-Sulpice et son conseil, au lieu de vendre ces biens et d'en garder le prix, comme ils le pouvaient, se décidèrent, d'un commun accord, à les céder gratuitement en vue de maintenir la religion catholique en Canada. Ils jugèrent que, dans les circonstances impérieuses où ils se trouvaient, cette cession pure et simple était le meilleur moyen de réaliser les intentions des donateurs, qui avaient mis pour première clause : que ces biens demeureraient inséparablement unis au séminaire de Saint-Sulpice, sans pouvoir en être distraits pour quelque cause que ce soit ; que la Compagnie de Saint-Sulpice ne pouvant plus, par force majeure, les posséder comme corps, elle les posséderait néanmoins toujours par la partie de ses membres qui, résidant en Canada, deviendrait sujet britannique. En conséquence, ils dressèrent un acte d'abandon de ces biens à ceux des membres du séminaire de Ville-Marie qui consentirent à prêter serment de fidélité au roi d'Angleterre. En même temps, ils les autorisèrent à dresser pour le gouvernement de leur maison une constitution en tout semblable à celle qui partout régit la Compagnie.

Le roi ratifia la promesse qu'il avait faite, et, en vertu de cette cession, les prêtres du séminaire de Montréal furent reçus à prêter foi et hommage au roi et reconnus comme vrais et légitimes propriétaires des biens que le séminaire de Paris leur avait rétrocédés. A la vérité, dans la suite, quelques officiers de la couronne malavisés contestèrent leurs droits, mais ils furent déboutés de leurs prétentions. D'autres, les ayant imités dans leurs attaques, eurent le même sort. Finalement, pour mettre fin à jamais à ces contestations, le gouvernement anglais porta une loi par laquelle il reconnaissait au séminaire le droit à la légitime possession de ses biens. Par cette loi, il est expressément déclaré : « Que le droit et le titre des ecclésiastiques du séminaire aux divers fiefs dont il est en possession, sont confirmés d'une manière absolue, déclarés bons et valables et efficaces en loi, aussi pleinement que ceux du séminaire de Paris avant la cession du pays à l'Angleterre. » De son côté, le séminaire de Montréal, par zèle et non d'obligation, s'est engagé à continuer les œuvres d'utilité publique qu'il avait entreprises et soutenues jusqu'alors, ce qu'il continue à faire, au grand contentement de tous.

31569. — Tours, impr. Mame.

www.ingramcontent.com/pod-product-compliance
Lightning Source LLC
LaVergne TN
LVHW021000090426
835512LV00009B/1994